Este libro de dragones pertenece a

....

Entrena a Tu Dragón Enojado
My Dragon Books Español - Volumen 2
de Steve Herman

Copyright © 2018 Digital Golden Solutions LLC.

Todos los derechos reservados. Este libro y ninguna de sus partes pueden ser usadas o reproducidas en ninguna forma gráfica, electrónica o mecánica, incluyendo fotocopia, grabación, taquigrafiado tipiado o algún otro medio, incluyendo sistemas de almacenamiento, sin previo permiso por escrito de la casa editora.

[All rights reserved. No part of this publication may be reproduced, distributed, or transmitted in any form or by any means, including photocopying, recording, or other electronic or mechanical methods, without the prior written permission of the publisher.]

ISBN: 978-1-948040-22-8 (Tapa blanda)
ISBN: 978-1-950280-26-1 (Tapa dura)

www.MyDragonBooks.com

Primera Edición: mayo 2018

10 9 8 7 6 5 4 3 2 1

Diggory no es una mascota corriente como un pececito, un perro o un gato - No, Diggory es un dragón obediente. ¡¿Qué opinas, es conveniente?!

Luego debes entrenar a tu dragón a ir al baño y enseñarle cómo jugar coqueto.

¡Lanzo un palo a una milla de distancia,
y de seguro lo traerá aunque ruede!

Primero él sopla y resopla; luego sus pulmones de aire llena con enfado,

A Diggory le encantan los columpios, los toboganes
y los sube y bajas en el parque ver;
podría jugar allí todo el día
desde el amanecer hasta el anochecer.

Pero una vez una cola halló,
y Diggory tuvo su turno que aguardar,

¡así que comenzó a buscar y chilló por algo que pudiera quemar!

Entonces dije: "Cuando debes esperar, hay algo que puedes evaluar: todas las ocasiones recordar en que alguien por ti tuvo que esperar".

Una mañana nos encontramos con unos chicos,
pero no eran muy amables ninguno;
Diggory casi termina con la paciencia hecha añicos,
así que le di un consejo oportuno:

"Cuando conozcas a un bravucón,
no hay razón para que te quedes allí jetón;
No los quemes y los dejes como churrete,
solo date la vuelta y vete".

Como otros dragones, Diggory detesta cuando alguien le da un "No" como respuesta, como "Antes de la cena, nada de galletas", o "No, no puedes salir", sin tretas.

Así que le dije sin dudar
cuando el enojo llene su cabeza de raíz,
Él puede hacer el enojo olvidar
Pensando más bien en algo feliz.

A Diggory le encanta jugar con otros chicos y salir,

"En vez de enojarte", le dije con un guiño,
"Solo debes hacer esto:
Trata a los otros niños
cómo quieres que te traten, sin gesto".

www.ingramcontent.com/pod-product-compliance
Lightning Source LLC
Chambersburg PA
CBHW042355280426
43661CB00095B/1096